孩子入學心理故事系列

# 怎麼辦？ 我害怕出錯

太美羅　著
金鍍我　圖

新雅文化事業有限公司
www.sunya.com.hk

# 前言

　　孩子第一天上小學，父母的內心一定十分激動，同時亦少不了擔心：我的孩子能適應學校生活嗎？能跟得上課堂的學習嗎？能和同學們好好相處嗎？

　　從幼稚園升上小學，孩子需要重新適應環境，對孩子來說並不是一件容易的事。比起要求孩子有好的學習態度和學業成績，父母更應該先培養孩子的獨立能力和保持健康的體魄，孩子才有足夠能力面對日後的挑戰。

　　《孩子入學心理故事系列》通過故事形式，將剛升讀小一的孩子可能面對的困難呈現出來。當你的孩子遇到同樣問題時，本系列故事有助啟發孩子思考如何克服它，同時也能啟發父母如何幫助孩子克服困難。

朴信識

資深韓國小學老師

# 作者的話

給所有即將入讀小一的新同學們：

「再過幾天就要上小學一年級啦，心情怎麼樣？」

「很開心呢！到時就可以在寬闊的運動場上踢足球呢。」

這是七年前我和女兒的對話。

「後日就要上小學一年級啦，心情怎麼樣？」

「我不要上學！聽說每天在學校飯堂裏都是吃菠菜的。」

這是一年前我和兒子的對話。

同學們，馬上就要入讀小學了，你們的心情又是怎樣的呢？可能是既興奮又緊張吧。但是不用害怕，勇敢一點去嘗試吧！只要同學之間互相幫助，互相學習，友好相處，就可以一起成為出色的小學生。現在我們一起來展開一段奇妙的小學之旅吧！

太美羅

# 人物介紹

## 勇勇

勇勇雖然調皮而且愛搗蛋，但是天生力氣大，經常幫大家清潔課室。

## 艾得

十分害羞，最怕在大家的注視下說話。他的字寫得十分工整。

## 迪羅老師

非常疼愛她的學生。當學生遇到困難的時候，她會溫柔地開解和幫助他們。

寶拉

性格內向，缺乏自信。她最喜歡植物，也很愛幫助朋友。她笑起來十分好看。

布奇

性格幽默風趣，經常照顧身邊的朋友，會把自己的文具借給同學用。他也很擅長整理物品。

琳琳

琳琳總是有很多憂慮，不喜歡上學。她很有禮貌，最擅長用手工紙摺出各種動物。

貝利

性格大膽勇敢，熱愛運動，十分擅長踢足球。

5

今天是艾得第一天上小學的日子。

「同學們，請介紹一下自己吧。」在正式上課前，迪羅老師對大家說。

「大家好，我叫貝利。」

「大家好，我叫勇勇。」

同學們都大方地站起來介紹自己。但是，快輪到艾得的時候，他便緊張起來。

終於輪到艾得介紹自己了。但是，艾得無法站起來。他的屁股好像黏在了椅子上一樣，令他無法動彈，而且嘴唇一直在顫抖，心臟怦怦直跳，雙腿也不由自主地抖動。

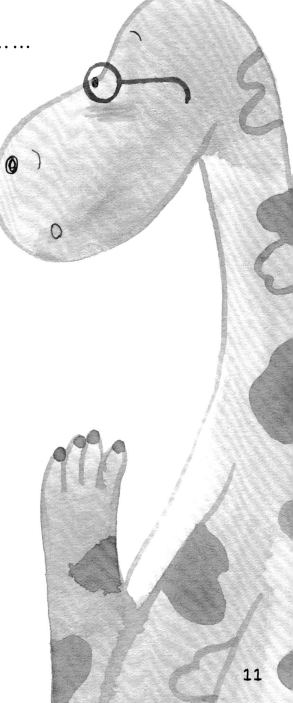

　　艾得吞吞吐吐地輕聲說：「大……大家好，我叫……」

　　艾得的腦袋一片空白，連自己的名字也說不出來。

　　「怎麼了，你連自己的名字都不知道嗎？」勇勇取笑艾得。

　　迪羅老師提醒大家：「在同學介紹自己的時候，我們要認真聆聽啊。」

　　艾得好不容易說完了自己的名字，然後坐下來。

　　「艾得，做得很好。」迪羅老師對艾得笑着說。

11

艾得真的很不喜歡在大家的注視下說話。

課堂上，只要老師問「誰來回答？」的時候，其他同學都會積極地喊「我！我來說！」

「答錯也沒有關係的，自信地說出自己的答案吧。」

即使迪羅老師總是這樣鼓勵艾得，艾得仍然不敢舉手回答老師的問題。

因為害怕被老師點名回答問題，所以每當老師提問的時候，艾得就會低着頭把自己藏在課本後面。只有等到別的同學站起來回答以後，艾得才鬆一口氣。

　　「呼，太好了，我不用回答問題。」

我來說！

14

除了不敢在大家的注視下說話外，艾得在其他方面都做得很好。

　　在小息的時候，貝利說：「大家看！我可以自己打開牛奶盒呢！」

　　可是當貝利打開牛奶盒的時候，他不小心把牛奶濺在書桌上。

　　「貝利，你別動！」艾得馬上拿來紙巾，把書桌抹乾淨。

　　「艾得很會照顧朋友呢。」同學們都稱讚艾得。

　　「嘻嘻，這沒什麼啦……」艾得難為情地摸了摸自己的後腦勺。

艾得上課的時候也十分認真。

　　「現在我們來分組討論吧。說到『春天』，大家會想起什麼呢？」迪羅老師對同學們說。

　　「我們一個一個輪流說吧，我會把大家說的都寫下來。」艾得對同組的同學們說。

　　艾得用心聆聽同學們的意見，然後仔細地記錄下來。

17

「好了，現在我們來聽聽討論的結果吧。」

迪羅老師說完後，各組開始選定代表，向同學們報告討論結果。

艾得的小組成員都看着艾得。

「艾得，由你做我們的代表吧。」

「對啊，你不是把內容都記在筆記簿上了嗎？」

艾得的臉一下子就紅了。

「不……不是啊！我覺得寶拉剛才說的都很好，所以應該由她來做代表。」

「艾得真謙虛，而且會禮讓呢！」貝利稱讚艾得。

「不……也不是啦……」

這次，艾得的耳朵也紅了。

　　放學了。在回家的路上，貝利問艾得：「艾得，
我們去公園玩一會兒再回家吧？」

　　「不去了，我今天想早點回家。」說罷，艾得低
着頭繼續往前走。

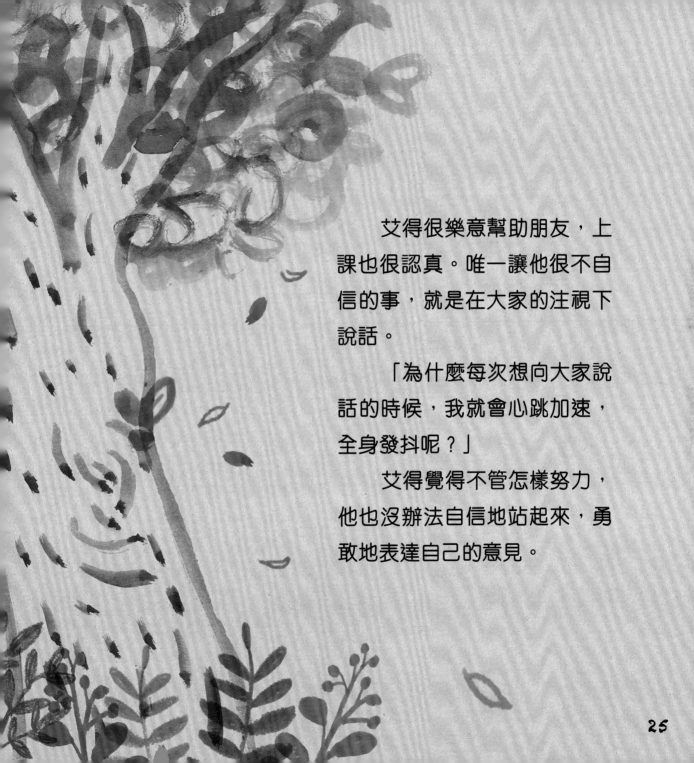

　　艾得很樂意幫助朋友，上課也很認真。唯一讓他很不自信的事，就是在大家的注視下說話。

　　「為什麼每次想向大家說話的時候，我就會心跳加速，全身發抖呢？」

　　艾得覺得不管怎樣努力，他也沒辦法自信地站起來，勇敢地表達自己的意見。

26

回家後，艾得拿出所有玩偶，玩模擬上課遊戲。

「同學們，大家好！我是艾得老師。」

「說到『春天』，你們會想到什麼呢？誰來說一說？」

「我！我來說！」

艾得捏着嗓子模仿玩偶們的聲音。

坐在前面的玩偶都踴躍地舉手答問題，只有坐在最後面的小熊一直低着頭。

「小熊，你來說一說好嗎？」

「我……我嗎？」聽到了艾得老師的話，小熊感到不知所措。

「是啊，沒關係的，即使說錯了也沒關係的！勇敢地說出你的想法吧。」

小熊遲疑了一會兒後，開始說出自己的想法。

「說到春……春天……就會想到伸懶腰。本來在冬眠的熊會伸着懶腰從睡夢中醒過來。」

「嘩！小熊說得很好呢。」艾得老師稱讚道。

「今天的課堂結束了！」

艾得玩完模擬上課遊戲之後，心情似乎好了很多。

「能毫不緊張地大聲說出自己的想法真好！希望明天我也可以像小熊一樣，鼓起勇氣在大家面前說話⋯⋯」

看來今晚，艾得可以安心地睡個好覺了。

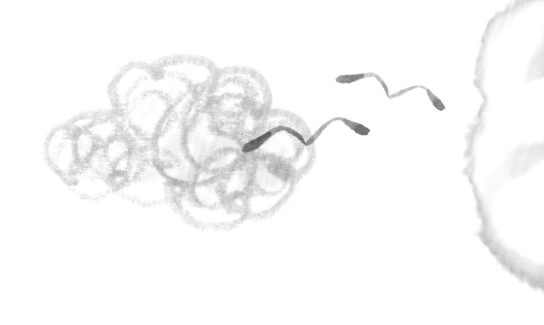

第二天回到學校，迪羅老師就對
大家說：「各位同學，今天我們要來說
一說自己鄰座同學的優點。」

　　同學們都仔細地打量着坐在自己旁邊的同學。互相對視後，大家都忍不住笑了。但是為了要用心思考如何回答老師的問題，大家都忍着笑認真觀察。

「寶拉經常借橡皮給我，所以我覺得她很樂於助人。」

「貝利跳繩跳得很好。」

「勇勇吃飯吃得很快。」

同學們都說出了鄰座同學的優點。
艾得看着琳琳思考了一會兒後，
開始在筆記簿上寫字。

「布奇經常把
自己的文具借
給我。」

過了一會兒，迪羅老師對大家說：「現在大家可以說一說同學的優點啦。誰先來說？」

　　同學們都紛紛舉起手，喊道：「我來！我來說！」貝利興奮得連尾巴也舉得高高的，一直搖晃着。

「要說嗎？不要？說吧？還是不要說？」艾得猶豫了一會兒後，終於鼓起勇氣舉手。

「我……」艾得用很輕的聲音說。可是說完又後悔了。

「千萬不要叫我，千萬不要叫我，拜託……」艾得還是很沒自信，悄悄地把手放了下來。但就在這個時候，他正好跟迪羅老師的視線碰上了。

「艾得，你來說說好嗎？」迪羅老師笑着說。

艾得的心臟好像「砰！」的一聲，停止了跳動。

「所有同學都看着我呢。說得不好的話，怎麼辦？

突然發不出聲音的話怎麼辦？同學們肯定會笑我的⋯⋯」

艾得的嘴唇開始顫抖起來。

「艾得，慢慢來，不用着急。很多人在別人的注視下說話都會覺得緊張。你先深呼吸一下，然後慢慢說就可以了。」

聽完迪羅老師的話，艾得好像放鬆一點了。他想起了昨天在家裏玩模擬上課的情景。

「我……老師，我可以看着筆記簿說嗎？」艾得輕聲地問。

「當然可以啦，用你覺得舒服的方式就可以了。」

艾得用力地深呼吸了一下，然後開始說出自己的想法。

「我的同學……琳琳……和我一樣都很喜歡吃薄餅。每天早上她都會笑着和我打招呼，還會和我一起做值日生。」

艾得用顫抖的聲音說完後就馬上坐下了，他覺得腿上的力氣好像瞬間消失了一樣。

迪羅老師對艾得豎起了大拇指。「艾得，你做得真好！」同學們也用力地鼓掌。

　　艾得有點不知所措。「咦？我心裏有些很奇妙的感覺呢。」

　　艾得覺得一直以來令他害怕的東西突然消失了，感到特別輕鬆。這是艾得第一次有這種奇妙的感覺。

在小息時間，艾得馬上就為下一堂課做準備。他把課本放在桌上之後，還開心地哼着歌謠。

錯了又怎樣？
聲音小又怎樣？
都沒關係呀！
只需要鼓起勇氣就能做到呀！
在大家的注視下說出自己的想法，真好！
下一次也要舉起手來，勇敢地說出自己的想法！

# 給父母的話

　　在眾人注視下表達自己的意見和想法並不容易。一般情況下，在自己熟悉的人面前說話，或者是一對一的交流會覺得比較舒服和自然。在公開場合發表意見，相信對於成年人來說，也不是那麼容易。

　　入讀小學以後，孩子有更多機會需要在別人的注視下說出自己的想法。對於容易感到緊張和不安的孩子來說，這是一個大難關。孩子感到不安的原因，通常是害怕答錯或害怕在回答過程中，別人會取笑自己或發現自己的緊張。內心的不安會導致身體也跟着發出緊張的信號。這是因為孩子的自律神經，特別是交感神經受到了刺激。

　　感覺到自身的緊張之後，孩子會開始慌張和更加不安，最終演變成恐懼感，最極端的結果就是拒絕在別人的注視下說話。如果發現孩子在發言前表現得緊張或者不安的話，就應該盡量安撫孩子的情緒，鼓勵他們說「沒關係，可以慢慢說的」、「深呼吸一口氣，想說什麼就說什麼，錯了也沒關係的」。另外，還要阻止孩子身邊的人做出負面的反應，例如嘲笑、捉弄、斥責等。

　　如果發現孩子發言時容易緊張的話，父母可以在家裏幫孩子做一些簡單的練習，幫助他們減少緊張感，並多稱讚他們「我的女兒／兒

子能大膽發言，真的很厲害呢」，幫助他們建立自信。還有，在孩子的發言過程中，父母的態度也很重要。不要讓孩子有「我一定要準確和完整地完成發言」這樣的負擔感，應該引導他們把重點放在發言的過程而不是結果上。

在成年人當中，也有很多人會在各種需要公開發言的場合感到緊張和不安。例如大學生在課堂上匯報小組的專題報告時、員工做業務匯報或公開發表計劃時、大學教授在演講時，還有音樂人在舞台上演奏樂器或演唱歌曲時。很多在發言時會不安和緊張的人都說，每當需要發言時，他們的腦海中就會浮現小時候曾經因為發言失誤而被取笑的經歷。為了不讓發言成為孩子的童年陰影，父母幫助孩子克服發言時的不安和緊張是一件十分重要的事。

孫實軒
兒童精神科醫生

孩子入學心理故事系列

# 怎麼辦？我害怕出錯

作　　者：太美羅
繪　　者：金鍍我
翻　　譯：何莉莉
責任編輯：潘曉華
美術設計：王樂佩
出　　版：新雅文化事業有限公司
　　　　　香港英皇道 499 號北角工業大廈 18 樓
　　　　　電話：(852) 2138 7998
　　　　　傳真：(852) 2597 4003
　　　　　網址：http://www.sunya.com.hk
　　　　　電郵：marketing@sunya.com.hk
發　　行：香港聯合書刊物流有限公司
　　　　　香港荃灣德士古道 220-248 號荃灣工業中心 16 樓
　　　　　電話：(852) 2150 2100
　　　　　傳真：(852) 2407 3062
　　　　　電郵：info@suplogistics.com.hk
印　　刷：中華商務彩色印刷有限公司
　　　　　香港新界大埔汀麗路 36 號
版　　次：二〇一九年三月初版
　　　　　二〇二二年九月第五次印刷

ISBN: 978-962-08-7210-5
Original title: *Dinosaurs School#2*
Text by Tae Mi-ra
Illustrated by Kim Do-ah
Copyright © 2017 Tae Mi-ra, Kim Do-ah
This Traditional Chinese Edition was published by Sun Ya Publications (HK) Ltd.
in 2019 by arrangement with CRAYON HOUSE CO., LTD. through Eric Yang Agency Inc.

Traditional Chinese Edition © 2019 Sun Ya Publications (HK) Ltd.
18/F, North Point Industrial Building, 499 King's Road, Hong Kong
Published in Hong Kong, China
Printed in China